MACHU
PICCHU

MACHU PICCHU

PHOTOGRAPHS *Barry Brukoff*

POEMS *Pablo Neruda*

TRANSLATION *Stephen Kessler*

PROLOGUE *Isabel Allende*

A BULFINCH PRESS BOOK / LITTLE, BROWN AND COMPANY

BOSTON NEW YORK LONDON

*For Richard and Barbara,
who inspired the journey*

ACKNOWLEDGMENTS

My deep gratitude to Isabel Allende for her generous participation in this project. I am greatly indebted to Alastair Reid for recommending Stephen Kessler, who has provided a sensitive and poetic translation of "Alturas de Machu Picchu." For his continued interest in my photographic endeavors through the years, I thank Jim Silberman. My thanks to Janet Swan Bush, Sandra Klimt, Martin Senn, and Heather Brook for their invaluable support in the preparation of this book. My thanks to Sr. Alfonso Espinosa and Dr. Hugo Ludena Restaure of the Instituto Nacional de Cultura de Peru for their efforts in providing assistance to me at Machu Picchu. Special thanks to Craig Kolb for his willingness to share his technical expertise and to R. J. Muna for his aesthetic insights.

For his vision and support through the years, my deepest thanks with fond memories to my dear friend and mentor Morrie Camhi, who is no longer with us.

— Barry Brukoff

Copyright © 2001 by Barry Brukoff
"Alturas de Machu Picchu" copyright © 1950 by Pablo Neruda and Fundación Pablo Neruda.
English translation of "Heights of Machu Picchu" copyright © 2001 by Stephen Kessler.

First Edition

Grateful acknowledgment to Fundación Pablo Neruda for permission to publish "Alturas de Machu Picchu" by Pablo Neruda.

English translation of the Prologue by Isabel Allende by Margaret Sayers Peden.
Spanish translation of the Photographer's Comments by Mariana Creo.

Library of Congress Cataloging-in-Publication Data

Brukoff, Barry.
   Machu Picchu / photographs, Barry Brukoff; poetry, Pablo Neruda; prologue, Isabel Allende; translation, Stephen Kessler.
     p. cm.
   English and Spanish.
   ISBN 0-8212-2704-1 (hc)
     1. Machu Picchu Site (Peru) 2. Machu Picchu Site (Peru) — Pictorial works. 3. Machu Picchu Site (Peru) — Poetry. I. Neruda, Pablo, 1904–1973. Alturas de Macchu Picchu. English & Spanish. II. Kessler, Stephen, 1947–. III. Title.
     [DNLM: 1. Neruda, Pablo, 1904–1973. Alturas de Macchu Picchu. English & Spanish.]
   F3429.1.M3 B78 2001
   985'.37—dc21

2001025343

For information regarding individual photographs, you may contact Barry Brukoff via e-mail at brukoff@firstworld.net or www.brukoffphoto.com

Bulfinch Press is an imprint and trademark of Little, Brown and Company (Inc.)

Printed in Italy

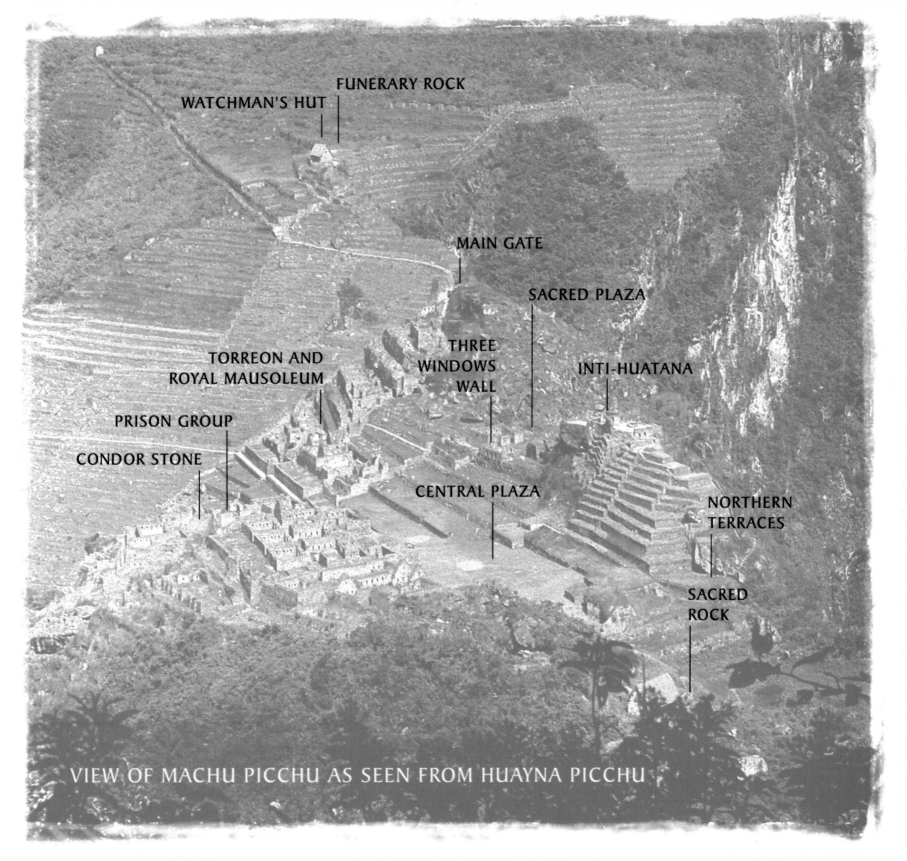

WATCHMAN'S HUT

FUNERARY ROCK

MAIN GATE

SACRED PLAZA

TORREON AND
ROYAL MAUSOLEUM

THREE
WINDOWS
WALL

INTI-HUATANA

PRISON GROUP

CONDOR STONE

CENTRAL PLAZA

NORTHERN
TERRACES

SACRED
ROCK

VIEW OF MACHU PICCHU AS SEEN FROM HUAYNA PICCHU

Contents

The Watchman's Hut

PROLOGUE

Isabel Allende

There are places where spirits live trapped among stones. Those places, constructed by ancient man and today abandoned, were so sacred that their energy continues to vibrate through the centuries. It is impossible to walk on those stones and not sense the clamor of the past and the enormous force concentrated there. Even the most hurried tourist can feel that powerful presence. There are, however, persons with a special sensitivity who hear the call of those sites across thousands of miles of distance. They are the chosen, summoned by the spirits to give witness to their enduring existence.

Pablo Neruda was one of the chosen. Fifty years ago, this man, emissary of the ancestral forces of poetry, heard the call of Machu Picchu and came with his green pen and his heart in flames to these inaccessible peaks. His poems, as immortal as the petrous eternity of Machu Picchu, sing to a breathtaking geography of forest, dizzying mountain paths, glacial heights, fog and mist, through which the poet travels in wonder. Step by step, hill by hill, Neruda ascends the stair-stepped cordillera of the Andes, until he reaches the enchanted citadel of the Incas where only ghosts of the past and majestic condors dwell. Along the way he recalls the bloody epic of an entire continent: the Conquest that reduced proud peoples to slavery; the tragedy of the princes who caused this city-carved-in-stone to be constructed, then within the span of a hundred years had suddenly to abandon it; the axes and whips and crosses that signaled death for millions of Indians, one of the bloodiest genocides in history. "Ancient America, sunken bride," the poet calls this tortured continent that has the shape of a wounded heart.

Some forty years later, the summons of the stones reaches another artist, Barry Brukoff, designer, painter, photographer, and dreamer, who immediately recognizes the call because he has heard it before. What is it that irresistibly attracts this artist to places like Borobudur, Stonehenge, or the ruins of the Anasazi Indians? He himself does not know, but during the course of his life he has found that it is futile to stop his ears: the sacred voices reach him wherever he may be, and sooner or later he must leave everything behind and obey them. Then he picks up his camera—his instrument of truth—and begins his voyage. That is how he went to Machu Picchu, not by train, not in a hurry like the hordes of tourists, but like a pilgrim, reverently walking in the steps of the ancient Incas. On the way he passed ruins of buildings, walls, and temples, and visited small villages where people look and live like those who built Machu Picchu six hundred years ago: the same stocky bodies with strong legs and broad chest, the same inscrutable expression on their copper-color faces. He saw the tiny marketplaces where little children sell their crops side by side with their mothers, never crying or complaining, serious and yet unmistakably happy. He walked along terraces constructed several centuries ago where corn and potatoes and coca leaves grow today with the same methods employed in pre-Columbian times. When he reached the place in the mountains where finally the ancient ruins of Machu Picchu reveal themselves to the traveler, he recognized the place, as if he had been there before. He was overcome by a feeling of exhilaration and deep joy, like a man who sees his hometown after fifty years of wandering.

Why was Machu Picchu built? Why was it abandoned? Who lived there? How were the Incas able to hew those stones that fit so seamlessly that a knife blade cannot be inserted between them? It is said that the Inca nobility sent their women to those heights to keep them safe from the greed and violence of their enemies. For a time it was thought that Machu Picchu became the last refuge of princes and priests when the Spanish conquistadors approached, demolishing the Inca empire with

Passageway

Morning Sun
and Fog

their steel, gunpowder, and fire. It is also said that it was an astronomical observatory, and that from there time was measured for all the domains of the Incas, the most vast, rich, and sophisticated kingdom of pre-Columbian America. Another enigma is the opening between certain stones through which, at noon, at certain times of the year, a ray of sunlight falls precisely on the entrance to a subterranean cavern. It suggests the possibility that Machu Picchu represents the origin of the Creation, which in Inca cosmogony occurs at the center of the earth. But all these are speculations, because this amazing city is wrapped in a mantle of mystery. For centuries it remained hidden, closed, secret, jealously protected by forest and altitude. Today one may reach Machu Picchu in a day by modern train, as the tourists do who arrive en masse, but to steep oneself in the spirit of Machu Picchu it must be visited at night, something Pablo Neruda and Barry Brukoff did, spending several days there, waiting from dawn to midnight for light to illuminate the marvel. Respectfully, in silence and solitude, they perceived the mute phantoms that inhabit Machu Picchu.

This extraordinary book is the result of two pilgrimages separated in time by a half century: that of Pablo Neruda and that of Barry Brukoff, who followed in the steps of the great Chilean poet, carrying Neruda's poems in his backpack. Like Neruda, Brukoff did not know why the voices called to him or what he would find when he arrived; he knew only that the moon plays a fundamental role in the theater of Machu Picchu, which is why he timed his ascent to coincide with the cycle of the earth's satellite. Stone by stone, while the waxing moon rose higher in its perfect arc in the heavens, Brukoff climbed, up and up toward the venerable heights, so that both, he and the heavenly body, arrived together, in splendor, on the heights of Machu Picchu.

Photography is light. When Barry Brukoff reached his destination, he discovered that the ancient city, like the nest of some prehistoric bird, is set among abrupt, purple mountain peaks on a small but lofty mesa. He arrived there at sunset and stood breathless before the awesome beauty of the landscape in the last golden glow of day. By then the hordes of the curious had retreated; he was alone in the silence of centuries. Soon, threatening as knives, the geometric shadows of the Andes fell over him. And he, an incurable romantic, waited, heart racing, in the blue-black depths of the starless night. In that place the moon does not announce itself as it does elsewhere in the world; it does not appear gradually, wrapped in its yellow veils, it is not timid or coquettish, none of those things. On Machu Picchu the moon is the absolute diva: it bursts scandalously onto the stage, sudden, refulgent, it is a torch illuminating the firmament with icy light. Thus, before the photographer's astounded eyes, the hieratic city built by the Incas on the top of the world came to life. One by one the ancient spirits were released from the enormous stones to wander like a lost people through the shadows: nobles, priests, warriors, masters, servants, workers, potters, washerwomen, grandparents and children, each performing its silent ghostly assignment.

Barry Brukoff, profoundly moved by light and history, by the magnitude of the Andes and the arcane beauty of Machu Picchu, understood that he could not keep that moving experience for himself, he must offer it to others as a gift. Of the hundreds of photographs taken at Machu Picchu, he selected for this book those that resonated most intensely with his soul, with the hope of capturing the mystery of those stones in an image, just as Neruda had attempted to put them into poems. This book is an offering that combines a poet's intuition and an artist's perception, Neruda's words and Brukoff's photographs; but none of it would be possible without the patient and silent work of Stephen Kessler, who translated Neruda's poems into English with as much passion as literary rigor. This book is more than a work of art: it is a spiritual experience.

— Translated by Margaret Sayers Peden

Huayna Picchu from the Northern Terraces

Huayna Picchu from the King's Group

Isabel Allende

Hay ciertos lugares donde viven los espíritus atrapados entre piedras. Esos lugares, construídos por hombres antiguos y hoy abandonados, fueron tan sagrados, que su energía continúa vibrando durante siglos. Es casi imposible pisar esas piedras sin sentir el clamor del pasado y la tremenda fuerza allí concentrada, sin embargo muchedumbres de turistas violan esos lugares a diario, apurados y bulliciosos, mirando a través de los lentes de sus cámaras fotográficas, ciegos ante los seres poderosos e invisibles que viven entre esas murallas, sordos a las sutiles voces de los fantasmas. Pero hay personas de sensibilidad especial que sienten el llamado de esos sitios a miles de millas de distancia y abandonan todo para seguirlo, como presas de un encantamiento. Son los escogidos por esos espíritus para dar testimonio de su firme existencia.

Pablo Neruda fue uno de esos elegidos. Este hombre, emisario de las fuerzas ancestrales de la poesía, sintió hace cincuenta años el llamado de Machu Picchu y acudió con su pluma verde y el corazón en llamas a esas cumbres inaccesibles. Sus versos, tan inmortales como la pétrea eternidad de Machu Picchu, cantan a una fantástica geografía de selva, vertiginosos desfiladeros, alturas glaciales, bruma y niebla, por donde el poeta viaja maravillado. Paso a paso, cerro a cerro, sube y baja Neruda por la escalera tallada en la roca de los senderos indígenas. Neruda asciende la cordillera de Los Andes hasta llegar a la ciudadela encantada de los incas, donde sólo habitan los fantasmas del pasado y los majestuosos cóndores. Es un viaje arduo y largo. Va enfermo por la altura, jadeando, sin oxígeno, helado por la noche, pero sigue trepando en trance. Por el camino el poeta se detiene, saca su cuaderno y permite que su poesía fluya como un río. Recuerda la epopeya sangrienta de todo un continente: la Conquista que redujo orgullosos pueblos a la esclavitud; la tragedia de los príncipes que hicieron construír esa ciudad tallada enpiedra y en el transcurso de cien años debieron abandonarla de súbito; las hachas y los látigos y las cruces que señalaron el fin de millones de indígenas, uno de los más cruentos genocidios de la historia, tan cruel, en verdad, que las madres mataban a los recién nacidos para salvarlos de una vida de servidumbre y humillación. "América antigua, novia sumida," llama el poeta a este continente torturado que tiene la forma de un corazón herido.

Cuarenta años más tarde, la convocatoria de las pierdras alcanza a otro artista, Barry Brukoff, diseñador, pintor, fotógrafo y soñador, quien reconoce el llamado de inmediato, porque lo ha sentido antes. ¿Qué atrae irrimisiblemente a este artista a sitios como Borobudur, Stonehenge o las ruinas de los indios Anasasi en Norte América? Él mismo no lo sabe, pero en el curso de su vida ha descubierto que es inútil taparse los oídos: las voces sagradas lo alcanzan dondequiera que se encuentre y tarde o temprano debe dejar todo atrás para obedecerles. Entonces toma su cámara—su instrumento de la verdad— y inicia el viaje. Así es como fue a Machu Picchu, no por tren, no apurado como las hordas de turistas, sino como un peregrino, caminando reverente tras los pasos de los antiguos incas. A lo largo del sendero pasó por ruinas de edificios, muros y templos, también visitó las pequeñas aldeas donde sus habitantes viven y se ven como los que construyeron Machu Picchu hace seiscientos años: los mismos cuerpos achaparrado de piernas fuertes y pechos amplios, la misma inescrutable expresión en sus rostros color de cobre. Vio los mercaditos donde los niños venden las cosechas junto a sus madres, sin llorar ni quejarse jamás, serios y sin duda contentos. Anduvo por terrazas construídas hace siglos donde el maíz, las papas y las plantas de coca crecen hoy con los mismos métodos empleados en épocas precolombinas. Cuando llegó al sitio en las montañas donde finalmente las ruinas de Machu Picchu aparecen ante el viajero, reconoció el lugar como si hubiera estado allí antes. Lo sobrecogió una exuberante sensación de alegría profunda, como un hombre que vuelve a su pueblo natal después de cincuenta años de ausencia.

¿Por qué fue construído Machu Picchu? ¿Por qué fue abandonado? ¿Quienes lo habitaron? ¿Cómo tallaron esas piedras que calzan con tal perfección, que no entra el filo de una navaja entre las ranuras? Dicen que la nobleza inca enviaban a sus mujeres a esas cumbres,

The Temple of the Moon

A Wall in the East Sector with Niches and Barholds

para ponerlas a salvo de la codicia y la violencia de sus enemigos. Por un tiempo se creyó que fue el último refugio de príncipes y sacerdotes cuando llegaron los conquistadores españoles, arrasando el imperio a hierro, pólvora y fuego. Dicen también que fue un observatorio astrológico, que desde allí se medía el tiempo para todo el territorio de los incas, el reino más vasto, rico y sofisticado de la América precolombina. Otra incógnita es la apertura entre ciertas piedras, por donde pasa al mediodía en ciertas épocas del año un rayo de sol que señala exactamente la entrada de una caverna subterránea. Sugiere la posibilidad de que Machu Picchu represente el origen de la Creación, que en la cosmogonía inca ocurre en el centro de la tierra. Pero todas son especulaciones, porque la extraña ciudad está envuelta en un manto de misterio. Durante siglos permaneció oculta y secreta, aunque los indios siempre han conocido su existencia. Estuvo cerrada a los extranjeros, celosamente defendida por la selva, la altura y el silencio de los indios. Hoy se alcanza en un tren moderno y se puede visitar en un día, como hacen los turistas que llegan en masa, pero Barry Brukoff está convencido de que para empaparse del espíritu de Machu Picchu hay que recorrerlo durante la noche, como lo hiciera Pablo Neruda. Se quedó dos semanas desde el amanecer hasta la medianoche, esperando que la luz realizara el prodigio. Respetuosamente, en silencio y soledad, pudo percibir los sigilosos espectros que habitan Machu Picchu.

Este extraordinario libro es el resultado de dos peregrinajes separados en el tiempo por medio siglo: el de Pablo Neruda y el de Barry Brukoff, quien siguió los pasos del gran poeta chileno, llevando los versos de Neruda en su mochila. Como Neruda, Brukoff tampoco sabía por qué lo llamaban las voces ni lo que encontraría al llegar, sólo sabía que la luna juega un papel fundamental en el teatro de Machu Picchu, por eso planeó su ascenso para coincidir con el ciclo del satélite terrestre. Piedra a piedra escaló Brukoff hacia las cimas más venerables, mientras la luna cambiante subía en su arco perfecto en el cielo, de modo que ambos, él y la luna llena, llegaron juntos, espléndidamente, a las alturas de Machu Picchu.

La fotografía es luz. Al llegar a su destino Barry Brukoff descubrió que la antigua ciudad estaba rodeada por los abruptos picos morados de las altas montañas, como el nido de algún ave prehistórica en una encumbrada y breve meseta. Llegó allí con la puesta del sol y se quedó sin aliento ante la belleza sobrecogedora del paisaje en el último resplandor dorado del día. Para entonces ya se habían retirado las hordas de curiosos, estaba solo en un silencio de siglos. Pronto le cayeron encima, amenazantes como puñales, las sombras geométricas de los Andes. Y él, incurable romántico, esperó con el corazón al galope en el negro-azul profundo de la noche sin estrellas. Allí la luna no se anuncia como en el resto del mundo, no aparece poco a poco envuelta en velos amarillos, no es tímida ni coqueta, nada de eso. La luna en Machu Picchu es la diva absoluta: irrumpe escandalosa en la escena, súbita y refulgente, es una antorcha incendiando el firmamento con su luz de hielo. Así ante los ojos maravillados del fotógrafo, la hierática ciudad levantada por los incas en la cima del mundo, cobró vida. Los antiguos espíritus se desprendieron uno a uno de las enormes piedras y deambularon como un pueblo perdido en las sombras: nobles, sacerdotes, guerreros, amos, sirvientes, labradores, alfareros, lavanderas, abuelos y niños, cada uno en su silencioso oficio de fantasmas.

Barry Brukoff, profundamente conmovido por la luz y la historia, por la magnitud de Los Andes y la incógnita belleza de Machu Picchu, comprendió que no podía guardar para él aquella sobrecogedora experiencia, debía ofrecerla a otros como un regalo. De las centenares de fotografías tomadas en Machu Picchu, seleccionó por este libro aquellas que resonaban más intensamente con su alma, en la esperanza de plasmar el misterio de esas piedras en la imagen, tal como Pablo Neruda intentó ponerlo en versos. Este libro es una ofrenda que combina la intuición del poeta y la percepción del artista, la palabra de Neruda y la fotografía de Brukoff, pero no sería possible sin el trabajo paciente y callado de Stephen Kessler, quien tradujo al inglés los poemas nerudianos con tanta pasión como rigor literario. Este libro es más que una obra de arte: es una experiencia espiritual.

Sacred Rock in the Form of Huayna Picchu

The Carved Rock Shrine ~ two views

24

The Heights of Machu Picchu

Pablo Neruda

ALTURAS DE MACHU PICCHU

HEIGHTS OF MACHU PICCHU

a new translation by

Stephen Kessler

[signature]

TO GORDON
10/13/01

MENDOCINO

Del aire al aire, como una red vacía,
iba yo entre las calles y la atmósfera, llegando y despidiendo,
en el advenimiento del otoño la moneda extendida
de las hojas, y entre la primavera y las espigas,
lo que el más grande amor, como dentro de un guante
que cae, nos entrega como una larga luna.

(Días de fulgor vivo en la intemperie
de los cuerpos: aceros convertidos
al silencio del ácido:
noches deshilachadas hasta la última harina:
estambres agredidos de la patria nupcial.)

Alguien que me esperó entre los violines
encontró un mundo como una torre enterrada
hundiendo su espiral más abajo de todas
las hojas de color de ronco azufre:
más abajo, en el oro de la geología,
como una espada envuelta en meteoros,
hundí la mano turbulenta y dulce
en lo más genital de lo terrestre.

Puse la frente entre las olas profundas,
descendí como gota entre la paz sulfúrica,
y, como un ciego, regresé al jazmín
de la gastada primavera humana.

From air into air, like an empty net,
I wandered between the streets and the atmosphere, arriving and saying goodbye,
in the coming of autumn with its scattered coins
of leaves, and between spring and the ripe wheat,
what the greatest love, as inside a falling
glove, hands over to us like endless moonlight.

(Days of live shining in the storminess
of bodies: sharp steel abraded
to acidic silence:
nights unraveled down to the last flour:
assaulted stamens in the country of sex.)

Someone awaiting me among the violins
encountered a world like a buried tower,
its spiral stairs corkscrewing into the earth
beneath all those leaves the color of hoarse sulfur:
and deeper still, into geologic gold,
like a sword sheathed in meteors,
I plunged my turbulent and tender hand
into the most genital of earthly places.

I pressed my face down through the deepest waves,
I sank like a drop through sulfuric stillness
and, as if blind, I groped my way back to the jasmine
of the exhausted springtime of humanity.

30   Torreón (tower) and Stairway

Detail of Royal Mausoleum

Royal Mausoleum beneath the Torreón

Si la flor a la flor entrega el alto germen
y la roca mantiene su flor diseminada
en su golpeado traje de diamante y arena,
el hombre arruga el pétalo de la luz que recoge
en los determinados manantiales marinos
y taladra el metal palpitante en sus manos.
Y pronto, entre la ropa y el humo, sobre la mesa hundida,
como una barajada cantidad, queda el alma:
cuarzo y desvelo, lágrimas en el océano
como estanques de frío: pero aún
mátala y agonízala con papel y con odio,
sumérgela en la alfombra cotidiana, desgárrala
entre las vestiduras hostiles del alambre.

No: por los corredores, aire, mar o caminos,
quién guarda sin puñal (como las encarnadas
amapolas) su sangre? La cólera ha extenuado
la triste mercancía del vendedor de seres,
y, mientras en la altura del ciruelo, el rocío
desde mil años deja su carta transparente
sobre la misma rama que lo espera, oh corazón, oh frente triturada
entre las cavidades del otoño:

Cuántas veces en las calles de invierno de una ciudad o en
un autobús o un barco en el crepúsculo, o en la soledad
más espesa, la de la noche de fiesta, bajo el sonido
de sombras y campanas, en la misma gruta del placer humano,
me quise detener a buscar la eterna veta insondable
que antes toqué en la piedra o en el relámpago que el beso desprendía.

If one flower sends its pollen to another
and the rock holds fast to the blooms taken root
in its hammered suit made of diamonds and sand,
man crumples up the petals of light he collects
out of the determined seagoing streams
and drills through the metal throbbing in his hands.
And soon, between his clothes and the smoke, on the sunken table,
like a shuffled result, the soul is all that's left:
quartz and insomnia, tears in the ocean
like pools of cold: but still
he kills it, tortures it to death with paper and hate,
grinds it into the daily rug, rips it out
of its hostile wire costumes.

No: in the corridors, in the air, at sea or on the roads,
who (like the fleshy poppies) guards his own blood
without a dagger in his hand? Anger has worn out
the sad merchandise of the soul seller,
and while the dew has left its lucid message
in the crown of the plum tree for a thousand years
on the same faithful branch, oh heart, oh face crushed
between autumn's cavities:

How many times in the wintry streets of a city or on
a bus or a boat at sunset, or in the densest
solitude, on some festival night, under the sound
of shadows and bells, in the very grotto of human pleasure,
I wanted to stop and search for the eternal unfathomable vein
I touched once in stone or in the lightning released by a kiss.

(Lo que en el cereal como una historia amarilla
de pequeños pechos preñados va repitiendo un número
que sin cesar es ternura en las capas germinales,
y que, idéntica siempre, se desgrana en marfil
y lo que en el agua es patria transparente, campana
desde la nieve aislada hasta las olas sangrientas.)

No pude asir sino un racimo de rostros o de máscaras
precipitadas, como anillos de oro vacío,
como ropas dispersas hijas de un otoño rabioso
que hiciera temblar el miserable árbol de las razas asustadas.

No tuve sitio donde descansar la mano
y que, corriente como agua de manantial encadenado,
o firme como grumo de antracita o cristal,
hubiera devuelto el calor o el frío de mi mano extendida.
Qué era el hombre? En qué parte de su conversación abierta
entre los almacenes y los silbidos, en cuál de sus movimientos metálicos
vivía lo indestructible, lo imperecedero, la vida?

(The thing that inside grains, like a yellow history
of tiny pregnant breasts, is repeated like a rhythm
streaming with tenderness into the fertile buds
and which, always the same, spills out as ivory
and the thing that in water is a clear homeland, a bell ringing
from the loneliest snow to the bloodiest waves.)

I couldn't grasp more than a cluster of masks or faces
as they fell, like rings of empty gold,
like scattered clothes, daughters of a raging autumn
that could set the wretched tree of the terrified races trembling.

I had no place where I could rest my hand
and which, rushing like water in a captured stream,
or hardened like a lump of anthracite or glass,
might have returned the warmth or the cold of my touch.
What was man? Where in the whole range of all his talk
between the corner stores and the hissing crowds, inside which of his metallic
    movements
was the indestructible, the imperishable, real life, alive?

Doorway

Mortar Stones

The Inti Huatana Hill from the Torreón

El ser como el maíz se desgranaba en el inacabable
granero de los hechos perdidos, de los acontecimientos
miserables, del uno al siete, al ocho,
y no una muerte, sino muchas muertes llegaba a cada uno:
cada día una muerte pequeña, polvo, gusano, lámpara
que se apaga en el lodo del suburbio, una pequeña muerte de alas gruesas
entraba en cada hombre como una corta lanza
y era el hombre asediado del pan o del cuchillo,
el ganadero: el hijo de los puertos, o el capitán oscuro del arado,
o el roedor de las calles espesas:

todos desfallecieron esperando su muerte, su corta muerte diaria:
y su quebranto aciago de cada día era
como una copa negra que bebían temblando.

True being was threshed like kernels of corn in the inexhaustible
granary of lost deeds, of miserable
events, one after another, seven, eight,
and not just a death but many deaths came for every single person:
every day a tiny death, a grain of dust, a worm, a light
going out in the mud of the suburbs, a tiny death with heavy wings
entered each man like a small spear
and he was the man besieged by bread or the knife,
the rancher, the child of the ports, or the plow's dark captain,
or the rodent scuttling through swarming streets:

all of them dying awaiting their death, their little daily death:
and their fateful affliction of every day
was like a black cup they drank from, shuddering.

Central Plaza
through Three
Windows Wall

Sacred Plaza

Central Plaza through
Three Windows Wall

La poderosa muerte me invitó muchas veces:
era como la sal invisible en las olas,
y lo que su invisible sabor diseminaba
era como mitades de hundimientos y altura
o vastas construcciones de viento y ventisquero.

Yo al férreo filo vine, a la angostura
del aire, a la mortaja de agricultura y piedra,
al estelar vacío de los pasos finales
y a la vertiginosa carretera espiral:
pero, ancho mar, oh muerte!, de ola en ola no vienes,
sino como un galope de claridad nocturna
o como los totales números de la noche.

Nunca llegaste a hurgar en el bolsillo, no era
posible tu visita sin vestimenta roja:
sin auroral alfombra de cercado silencio:
sin altos enterrados patrimonios de la lágrimas.

No pude amar en cada ser un árbol
con su pequeño otoño a cuestas (la muerte de mil hojas)

Almighty death beckoned me many times:
it was like unseen salt inside the waves,
and what its invisible taste was scattering
was like something half sinking, half rising
or like vast structures made of wind and blizzards.

I came to the edge of the iron blade, to the narrows
of the air, to the shroud of farming and stone,
to the starry void of the final footsteps
and the dizzying spiral highway:
but such a wide sea you are, oh death! you don't come wave after wave
but like a stampede of nocturnal clarity
or like night's absolute numbers.

You never sneaked up like a pickpocket, you couldn't
come without your red dress on:
without your rosy carpet of clinging silence:
without tall buried legacies of tears.

I couldn't love in every soul a tree
with its little autumn on its shoulders (the death of a thousand leaves),

todas las falsas muertes y las resurrecciones
sin tierra, sin abismo:
quise nadar en las más anchas vidas,
en las más sueltas desembocaduras,
y cuando poco a poco el hombre fue negándome
y fue cerrando paso y puerta para que no tocaran
mis manos manantiales su inexistencia herida,
entonces fui por calle y calle y río y río,
y ciudad y ciudad y cama y cama,
y atravesó el desierto mi máscara salobre,
y en las últimas casas humilladas, sin lámpara, sin fuego,
sin pan, sin piedra, sin silencio, solo,
rodé muriendo de mi propia muerte.

all the ersatz deaths and resurrections
with no earth, no abyss:
I wanted to swim in the widest lives,
in the wildest rivermouths,
and when man was denying me a little at a time
and blocking the way and slamming doors so the streams of my hands
would never knock at his wounded nonexistence,
it was then that I went from street to street and river to river,
and city to city and bed to bed,
and my salt-streaked mask made its way across the desert,
and in the last humiliated houses, with no lamp, no fire,
no bread, no stone, no silence, alone,
I roamed on, dying of my own death.

Alpaca with Sacred Rock

Three-Sided Ceremonial Masmas and Sacred Rock

Thatch and Stair

No eras tú, muerte grave, ave de plumas férreas,
la que el pobre heredero de las habitaciones
llevaba entre alimentos apresurados, bajo la piel vacía:
era algo, un pobre pétalo de cuerda exterminada:
un átomo del pecho que no vino al combate
o el áspero rocío que no cayó en la frente.
Era lo que no pudo renacer, un pedazo
de la pequeña muerte sin paz ni territorio:
un hueso, una campana que morían en él.
Yo levanté las vendas del yodo, hundí las manos
en los pobres dolores que mataban la muerte,
y no encontré en la herida sino una racha fría
que entraba por los vagos intersticios del alma.

It wasn't you, grave death, iron-plumed bird,
that this poor inheritor of rented rooms
carried from one quick meal to another under his empty skin:
it was something else, a wretched flake of devastated string:
an atom in his chest that had never known combat
or the harsh dew that never drizzled on his face.
It was the thing that could never again be born, a chunk
of the little death with neither land nor peace:
a bone, a bell quietly dying inside him.
I tore the bandages off the iodine, I plunged my hands
into the poor pains my death was dying from,
and found nothing in the wound but a cold gust of wind
that had slipped through the slack gaps in my soul.

Main Stair

Stairs Cut from Solid Rock

Stair at
Central Plaza

Rock Stair Leading to Torreón

Entonces en la escala de la tierra he subido
entre la atroz maraña de las selvas perdidas
hasta ti, Machu Picchu.
Alta ciudad de piedras escalares,
por fin morada del que lo terrestre
no escondió en las dormidas vestiduras.
En ti, como dos líneas paralelas,
la cuna del relámpago y del hombre
se mecían en un viento de espinas.

Madre de piedra, espuma de los cóndores.

Alto arrecife de la aurora humana.

Pala perdida en la primera arena.

Ésta fue la morada, éste es el sitio:
aquí los anchos granos del maíz ascendieron
y bajaron de nuevo como granizo rojo.

Aquí la hebra dorada salió de la vicuña
a vestir los amores, los túmulos, las madres,
el rey, las oraciones, los guerreros.

And then up the ladder of the earth I climbed
through the horrible thicket of the lost jungles
to you, Machu Picchu.
Tall city of stones stacked up in steps,
at last a dwelling where what is earthly
was not hidden under slumbering clothes.
In you, like two parallel lines,
the cradle of lightning and humanity
rocking together in a thorny wind.

Mother of stone, spume of the condors.

Highest reef of the human dawn.

Shovel buried in the first sand.

This is the spot, the place where they lived:
here the fat kernels of corn were carried up
and fell again to earth like red hail.

Here the gold wool came off the vicuña
to dress the loves, the burial mounds, the mothers,
the king, the prayers, the warriors.

Aquí los pies del hombre descansaron de noche
junto a los pies del águila, en las altas guaridas
carniceras, y en la aurora
pisaron con los pies del trueno la niebla enrarecida,
y tocaron las tierras y las piedras
hasta reconocerlas en la noche o la muerte.

Miro las vestiduras y las manos,
el vestigio del agua en la oquedad sonora,
la pared suavizada por el tacto de un rostro
que miró con mis ojos las lámparas terrestres,
que aceitó con mis manos las desaparecidas
maderas: porque todo, ropaje, piel, vasijas,
palabras, vino, panes,
se fue, cayó a la tierra.

Y el aire entró con dedos
de azahar sobre todos los dormidos:
mil años de aire, meses, semanas de aire,
de viento azul, de cordillera férrea,
que fueron como suaves huracanes de pasos
lustrando el solitario recinto de la piedra.

Here men's feet took their rest at night
next to the feet of eagles, in the lofty lairs
of the meat-eaters, and at dawn
they trod with thunderous steps over the rarefied fog,
and touched the ground and the rocks
until they knew them in the dark or in death.

I look at their clothes and their hands,
the traces of water in the echoing hollows,
the wall worn smooth by the touch of a face
that looked with my eyes at the earthly lamps,
that oiled with my hands the vanished
timbers: because everything—the clothes, the hides, the vessels,
the words, the wine, the bread—
was gone, fallen into the earth.

And the air came in with orange-blossom fingers
over all the sleepers:
a thousand years of air, months, weeks of air,
of blue wind and iron mountains,
as if soft hurricanes of running feet
were polishing the solitary enclosure of the stone.

Huayna Picchu
from the
Prison Group

Central Plaza and Fog

The
Watchman's
Hut through
Doorway

Agriculture Terrace

Muertos de un solo abismo, sombras de una hondonada,
la profunda, es así como al tamaño
de vuestra magnitud
vino la verdadera, la más abrasadora
muerte y desde las rocas taladradas,
desde los capiteles escarlata,
desde los acueductos escalares
os desplomasteis como en un otoño
en una sola muerte.
Hoy el aire vacío ya no llora,
ya no conoce vuestros pies de arcilla,
ya olvidó vuestros cántaros que filtraban el cielo
cuando lo derramaban los cuchillos del rayo,
y el árbol poderoso fue comido
por la niebla, y cortado por la racha.

Él sostuvo una mano que cayó de repente
desde la altura hasta el final del tiempo.
Ya no sois, manos de araña, débiles
hebras, tela enmarañada:
cuanto fuisteis cayó: costumbres, sílabas
raídas, máscaras de luz deslumbradora.

Dead ones of a lonely void, shadows of a hollow,
the deepest of all, that's how the truest,
most devastating doom descended
on the dimensions of your magnitude,
and from the drilled rocks,
from the scarlet spires,
from the terraced aqueducts
you imploded as in a single autumn
into a single death.
Today the empty air no longer weeps,
it doesn't know your feet the color of clay,
it has forgotten your pitchers that filtered the sky
and poured it out in knives of lightning,
and the mighty tree was devoured
by fog, and shredded by the sharp wind.

It raised up a hand that came down hard
from the heights to the bottom of time.
And now you're not there, spidery hands, delicate
fibers, intricate webwork:
when you left, everything crumbled: customs, worn-out
syllables, masks of dazzling light.

Pero una permanencia de piedra y de palabra:
la ciudad como un vaso se levantó en las manos
de todos, vivos, muertos, callados, sostenidos
de tanta muerte, un muro, de tanta vida un golpe
de pétalos de piedra: la rosa permanente, la morada:
este arrecife andino de colonias glaciales.

Cuando la mano de color de arcilla
se convirtió en arcilla, y cuando los pequeños párpados se cerraron
llenos de ásperos muros, poblados de castillos,
y cuando todo el hombre se enredó en su agujero,
quedó la exactitud enarbolada:
el alto sitio de la aurora humana:
la más alta vasija que contuvo el silencio:
una vida de piedra después de tantas vidas.

And yet there is a permanence of rock and word:
the city like a glass was raised in the hands
of everyone, the living, the dead, the silent, sustained
by so much death, a wall, from so much life a hammering
of rocky petals: the everlasting rose, the dwelling place:
this Andean reef of glacial colonies.

When the clay-colored hand
was turned to clay, and when the little eyelids closed
replete with rough walls, peopled with castles,
and when all humanity was wrapped in its grave,
the raised precision remained:
the high place of the human dawn:
the highest vessel that held the silence:
a life built of stone after so many lives.

The Inti Huatana ~
two views

The Inti Huatana at Sunset

Sube conmigo, amor americano.

Besa conmigo las piedras secretas.
La plata torrencial del Urubamba
hace volar el polen a su copa amarilla.
Vuela el vacío de la enredadera,
la planta pétrea, la guirnalda dura
sobre el silencio del cajón serrano.
Ven, minúscula vida, entre las alas
de la tierra, mientras—cristal y frío, aire golpeado
apartando esmeraldas combatidas,
oh agua salvaje, bajas de la nieve.

Amor, amor, hasta la noche abrupta,
desde el sonoro pedernal andino,
hacia la aurora de rodillas rojas,
contempla el hijo ciego de la nieve.

Oh, Wilkamayu de sonoros hilos,
cuando rompes tus truenos lineales
en blanca espuma, como herida nieve,
cuando tu vendaval acantilado
canta y castiga despertando al cielo,
qué idioma traes a la oreja apenas
desarraigada de tu espuma andina?

Come up with me, American love.

Kiss the secret stones with me.
The rushing silver of the Urubamba
makes the pollen fly to its yellow cup.
Emptiness soars from the climbing vines,
the rocky plants, the hardened garlands
over the silence of the mountain pass.
Come, tiny life, among the wings
of the earth, while—cold and crystalline, pounded air
pulling out battered emeralds,
oh wild water, you stream down from the snow.

My love, my love, until the sudden night,
since the echoing Andean flint,
toward the dawn on its red knees,
consider the blind child of the snow.

Oh Wilkamayu with your humming strands,
when you smash the lines of your thunder
into white spray, like wounded snow,
when the wind of your great cliffs
sings and scolds waking the sky,
what language do you bring to the ear just barely
pulled by the roots from your Andean foam?

Quién apresó el relámpago del frío
y lo dejó en la altura encadenado,
repartido en sus lágrimas glaciales,
sacudido en sus rápidas espadas,
golpeando sus estambres aguerridos,
conducido en su cama de guerrero,
sobresaltado en su final de roca?

Qué dicen tus destellos acosados?
Tu secreto relámpago rebelde
antes viajó poblado de palabras?
Quién va rompiendo sílabas heladas,
idiomas negros, estandartes de oro,
bocas profundas, gritos sometidos,
en tus delgadas aguas arteriales?

Quién va cortando párpados florales
que vienen a mirar desde la tierra?
Quién precipita los racimos muertos
que bajan en tus manos de cascada
a desgranar su noche desgranada
en el carbón de la geología?

Quién despeña la rama de los vínculos?
Quién otra vez sepulta los adioses?

Who captured the lightning out of the cold
and left it chained in the heights,
scattered in all its glacial tears,
shaken in all its slashing rapids,
pounding its war-torn woven yarns,
driven along in its warrior bed,
ambushed at last in its rocky end?

What are your persecuted flashes saying?
Your secret rebellious lightning
before it set out peopled with words?
Who comes shattering frozen syllables,
black languages, gold flags,
sunken mouths, smothered cries,
in your slender arterial waters?

Who comes cutting the flowery eyelids
that sprout up out of the earth to look?
Who throws down the lifeless clusters
tumbling in the cascades of your hands
to thresh out the grain from its shaken night
into the carbon of geology?

Who rips the branch from its roots in the cliff?
Who digs the graves of the goodbyes again?

Amor, amor, no toques la frontera,
ni adores la cabeza sumergida:
deja que el tiempo cumpla su estatura
en su salón de manantiales rotos,
y, entre el agua veloz y las murallas,
recoge el aire del desfiladero,
las paralelas láminas del viento,
el canal ciego de las cordilleras,
el áspero saludo del rocío,
y sube, flor a flor, por la espesura,
pisando la serpiente despeñada.

En la escarpada zona, piedra y bosque,
polvo de estrellas verdes, selva clara,
Mantur estalla como un lago vivo
o como un nuevo piso del silencio.

Ven a mi propio ser, al alba mía,
hasta las soledades coronadas.
El reino muerto vive todavía.

Y en el Reloj la sombra sanguinaria
del cóndor cruza como una nave negra.

My love, my love, don't touch the front wall
nor worship the sunken source:
let time live up to its own size
in its living room of shattered streams,
and between the racing water and the walls
gather the air from the narrow pass,
the parallel plates of wind,
the blind channel of the ranges,
the rough greeting of the dew,
and climb up, flower by flower, through the thicket,
stepping on the serpent hurled from the heights.

In the steep zone of stone and woods,
the dust of green stars, the pure jungle,
Mantur breaks through like a living lake
or like a new floor out of the silence.

Come to my being, my self, my dawn,
all the way to the crowned solitudes.
The dead kingdom lives on.

And over the Clock the bloody shadow
of the condor crosses like a black ship.

The Head of the Condor

The Condor Stone

The Prison Group

The Condor
Stone

Águila sideral, viña de bruma.
Bastión perdido, cimitarra ciega.
Cinturón estrellado, pan solemne.
Escala torrencial, párpado inmenso.
Túnica triangular, polen de piedra.
Lámpara de granito, pan de piedra.
Serpiente mineral, rosa de piedra.
Nave enterrada, manantial de piedra.
Caballo de la luna, luz de piedra.
Escuadra equinoccial, vapor de piedra.
Geometría final, libro de piedra.
Témpano entre las ráfagas labrado.
Madrépora del tiempo sumergido.
Muralla por los dedos suavizada.
Techumbre por las plumas combatida.
Ramos de espejo, bases de tormenta.
Tronos volcados por la enredadera.
Régimen de la garra encarnizada.
Vendaval sostenido en la vertiente.
Inmóvil catarata de turquesa.
Campana patriarcal de los dormidos.
Argolla de las nieves dominadas.

Eagle in the stars, vineyard in the mist.
Vanished bastion, blinded scimitar.
Shattered belt, solemn bread.
Torrential scale, immense eyelid.
Triangular tunic, pollen of stone.
Lamp of granite, bread of stone.
Mineral serpent, rose of stone.
Buried ship, stream of stone.
Horse of the moon, light of stone.
Frame of the equinox, steam of stone.
Final geometry, book of stone.
Drumhead fashioned from lightning flashes.
Coral reef of sunken time.
Stone wall smoothed by the touch of fingers.
Rooftop embattled by feathers of birds.
Branches of mirrors, foundations of storms.
Thrones overturned by climbing vines.
Regime of the claw with wings of flesh.
Windstorm sustained in the running spring.
Motionless cataract of falling turquoise.
Fatherly bell of the sleepers.
Ring of the dominated snows.

Hierro acostado sobre sus estatuas.
Inaccesible temporal cerrado.
Manos de puma, roca sanguinaria.
Torre sombrera, discusión de nieve.
Noche elevada en dedos y raíces.
Ventana de las nieblas, paloma endurecida.
Planta nocturna, estatua de los truenos.
Cordillera esencial, techo marino.
Arquitectura de águilas perdidas.
Cuerda del cielo, abeja de la altura.
Nivel sangriento, estrella construida.
Burbuja mineral, luna de cuarzo.
Serpiente andina, frente de amaranto.
Cúpula del silencio, patria pura.
Novia del mar, árbol de catedrales.
Ramo de sal, cerezo de alas negras.
Dentadura nevada, trueno frío.
Luna arañada, piedra amenazante.
Cabellera del frío, acción del aire.
Volcán de manos, catarata oscura.
Ola de plata, dirección del tiempo.

Iron asleep on its statues.
Inaccessible captured storm.
Paws of the puma, bloody rock.
Shadowy tower, snowy argument.
Night raised up in fingers and roots.
Window in the fog, hardened dove.
Nocturnal plant, statue of thunder.
Essential ridges, roof of the sea.
Architecture of forgotten eagles.
Rope of the sky, bee of the heights.
Bloodstained plateau, constructed star.
Mineral bubble, moon of quartz.
Andean serpent, amaranth forehead.
Cupola of silence, purest of homelands.
Bride of the sea, tree of cathedrals.
Black-winged cherry tree, branch of salt.
Snow-covered teeth, icy thunder.
Spidery moon, menacing stone.
The cold's long hair, the swirling air.
Volcano of hands, shadowy cataract.
Silver wave, the flow of time.

The Stair at
Central Plaza

The Central Plaza

View East over the Prison Group

View from the Inti Huatana Area ~
Sacred Rocks Echoing
the Mountains to the East

Piedra en la piedra, el hombre, dónde estuvo?
Aire en el aire, el hombre, dónde estuvo?
Tiempo en el tiempo, el hombre, dónde estuvo?
Fuiste también el pedacito roto
de hombre inconcluso, de águila vacía
que por las calles de hoy, que por las huellas,
que por las hojas del otoño muerto
va machacando el alma hasta la tumba?
La pobre mano, el pie, la pobre vida . . .
Los días de la luz deshilachada
en ti, como la lluvia
sobre las banderillas de la fiesta,
dieron pétalo a pétalo de su alimento oscuro
en la boca vacía?

                  Hambre, coral del hombre,
hambre, planta secreta, raíz de los leñadores,
hambre, subió tu raya de arrecife
hasta estas altas torres desprendidas?

Yo te interrogo, sal de los caminos,
muéstrame la cuchara, déjame, arquitectura,
roer con un palito los estambres de piedra,
subir todos los escalones del aire hasta el vacío,
rascar la entraña hasta tocar el hombre.

Stone upon stone, and man, where was he?
Air into air, and man, where was he?
Time over time, and man, where was he?
And you, were you too the little broken piece
of disconnected man, of starving eagle
who in the routines of the daily streets,
who in the dry leaves of a dying autumn
grinds down his soul all the way to the grave?
Your poor hands, your feet, your poor life . . .
Did those days of frayed light
falling like rain
on the decorations at a garden party
drop their dark food petal by petal
into your empty mouth?
                    Hunger, coral of humankind,
hunger, occult flower, gnarled root of the woodcutters,
hunger, was it your reeflike lightning
that flashed up into these floating towers?

I'm asking you, salt of the roads,
show me the spoon; architecture, let me
scratch with a stick against the stone stamens,
climb the sky's stairs all the way to the void,
scraping at its guts until I touch man.

Machu Picchu, pusiste
piedra en la piedra, y en la base, harapo?
Carbón sobre carbón, y en el fondo la lágrima?
Fuego en el oro, y en él, temblando el rojo
goterón de la sangre?
Devuélveme el esclavo que enterraste!
Sacude de las tierras el pan duro
del miserable, muéstrame los vestidos
del siervo y su ventana.
Dime cómo durmió cuando vivía.
Dime si fue su sueño
ronco, entreabierto, como un hoyo negro
hecho por la fatiga sobre el muro.
El muro, el muro! Si sobre su sueño
gravitó cada piso de piedra, y si cayó bajo ella
como bajo una luna, con el sueño!
Antigua América, novia sumergida,
también tus dedos,
al salir de la selva hacia el alto vacío de los dioses,
bajo los estandartes nupciales de la luz y el decoro,
mezclándose al trueno de los tambores y de las lanzas,
también, también tus dedos,
los que la rosa abstracta y la línea del frío, los
que el pecho sangriento del nuevo cereal trasladaron
hasta la tela de materia radiante, hasta las duras cavidades,
también, también, América enterrada, guardaste en lo más bajo,
en el amargo intestino, como un águila, el hambre?

Machu Picchu, you placed
stone upon stone, and at the bottom, rags?
Coal upon coal, and in the depths, tears?
Fire into gold, and inside it
a glob of trembling red blood?
Give back to me the slave you buried!
Shake the hard bread of the wretched
out of the earth, show me the serf's
rough clothes and his window.
Tell me how he slept when he was alive.
Tell me if his sleep was
fitful, uneven, like the black pits
exhaustion left in the wall.
The wall, the wall! What if each stone
weighed down his dreams, and what if he stumbled
under that weight, as under a moon, through slumber!
Ancient America, sunken bride,
did your fingers also,
coming up out of the jungle into the gods' lofty emptiness,
under the wedding tent of light and grace,
blending with the thunder of drums and rumbling spears,
did you too, did your fingers too,
the ones of the abstract rose and the cold straight line, the ones
the bloody chest of the new grains carried
up to the curtain of shining rock, up to the hardest cavities,
did you too, you too, buried America, keep, like an eagle,
down in the depths of your bitter belly, hunger?

The Main Gate

Detail of Stone Barhold Carved
from Solid Rock

Detail ~ Carved Stone Barhold

A Stone Ring

A través del confuso esplendor,
a través de la noche de piedra, déjame hundir la mano
y deja que en mí palpite, como un ave mil años prisionera,
el viejo corazón del olvidado!
Déjame olvidar hoy esta dicha, que es más ancha que el mar,
porque el hombre es más ancho que el mar y que sus islas,
y hay que caer en él como en un pozo para salir del fondo
con un ramo de agua secreta y de verdades sumergidas.
Déjame olvidar, ancha piedra, la proporción poderosa,
la trascendente medida, las piedras del panal,
y de la escuadra déjame hoy resbalar
la mano sobre la hipotenusa de áspera sangre y cilicio.
Cuando, como una herradura de élitros rojos, el cóndor furibundo
me golpea las sienes en el orden del vuelo
y el huracán de plumas carniceras barre el polvo sombrío
de las escalinatas diagonales, no veo a la bestia veloz,
no veo el ciego ciclo de sus garras,
veo el antiguo ser, servidor, el dormido
en los campos, veo un cuerpo, mil cuerpos, un hombre, mil mujeres,
bajo la racha negra, negros de lluvia y noche,
con la piedra pesada de la estatua:
Juan Cortapiedras, hijo de Wiracocha,
Juan Comefrío, hijo de estrella verde,
Juan Piesdescalzos, nieto de la turquesa,
sube a nacer conmigo, hermano.

Back down through the muddled splendor,
back down through the stony night, let me plunge my hand
and, like a bird imprisoned for a thousand years,
let the ancient heart of the forgotten pound in me!
Let me forget my happiness today, which is wider than the sea,
because humanity is wider than the sea and all its islands,
and one must fall into it as into a well in order to rise from the depths
with a branch of secret water and sunken truths.
Let me forget, enormous stone, the powerful design,
the transcendent measurements, the honeycombed rock,
and out of the triangle let me today
run my hand along the hypotenuse of spikes and bitter blood.
When the furious condor like a flying sledgehammer
beats at my temples with its reddened wings
and in the storm of its flight the meat-eating feathers
sweep the dark dust from the narrow stone slanting stairs,
I don't see the sudden beast,
I don't see the blinding cycle of its claws,
what I see is the ancient being, a servant, the sleeper
in the fields, I see a body, a thousand bodies, a man, a thousand women,
under the black squall, blackened by rain and night,
shouldering the heavy stone of the statue:
John Stonecutter, son of Wiracocha,
John Coldeater, son of the green star,
John Barefooted, grandson of turquoise,
come up, brother, and be born with me.

XI

The Moon through Three Windows Wall

Star Window

The Central Plaza

Sube a nacer conmigo, hermano.

Dame la mano desde la profunda
zona de tu dolor diseminado.
No volverás del fondo de las rocas.
No volverás del tiempo subterráneo.
No volverá tu voz endurecida.
No volverán tus ojos taladrados.
Mírame desde el fondo de la tierra,
labrador, tejedor, pastor callado:
domador de guanacos tutelares:
albañil del andamio desafiado:
aguador de las lágrimas andinas:
joyero de los dedos machacados:
agricultor temblando en la semilla:
alfarero en tu greda derramado:
traed a la copa de esta nueva vida
vuestros viejos dolores enterrados.

Come up, brother, and be born with me.

Give me your hand from the deepest
reaches of your disseminated pain.
You won't be returning from the depths of the rock.
You won't be returning from subterranean time.
Your hardened voice will not be coming back.
Your drilled-out eyes will not be coming back.
Look up at me from the bottom of the earth,
silenced weaver, laborer, shepherd:
tender of the guardian guanacos:
mason of the death-defying walkway:
water-carrier of the Andes' tears:
jeweler of the crushed fingers:
farmer trembling inside the seed:
potter poured out into your clay:
bring to the cup of this new life
all your old buried sufferings.

Mostradme vuestra sangre y vuestro surco,
decidme: aquí fui castigado,
porque la joya no brilló o la tierra
no entregó a tiempo la piedra o el grano:
señaladme la piedra en que caísteis
y la madera en que os crucificaron,
encendedme los viejos pedernales,
las viejas lámparas, los látigos pegados
a través de los siglos en las llagas
y las hachas de brillo ensangrentado.
Yo vengo a hablar por vuestra boca muerta.
A través de la tierra juntad todos
los silenciosos labios derramados
y desde el fondo habladme toda esta larga noche
como si yo estuviera con vosotros anclado,
contadme todo, cadena a cadena,
eslabón a eslabón, y paso a paso,
afilad los cuchillos que guardasteis,
ponedlos en mi pecho y en mi mano,
como un río de rayos amarillos,
como un río de tigres enterrados,
y dejadme llorar, horas, días, años,
edades ciegas, siglos estelares.

Show me your blood and your furrowed face,
talk to me: here's the place where I was punished
because the gem didn't shine or the earth
didn't deliver the stone or the grain on time:
point out to me the rocks where you fell
and the timber where you were crucified,
strike the fire of the ancient flint,
light the old lamps in me, the lashing whips
leaving their scars in your flesh across centuries
and the gleaming axes stained with blood.
I come to speak through your dead mouth.
Bring together from across the earth
the lips spilled into silence
and out of the depths speak to me all night long
as if we were shackled together,
tell me everything, chain by chain,
link by link and step by step,
sharpen the knives you kept,
put them in my chest and in my hand,
like a river of yellow lightning,
like a river of buried tigers,
and let my tears flow, hours, days, years,
through sightless ages, starry centuries.

Dadme el silencio, el agua, la esperanza.

Dadme la lucha, el hierro, los volcanes.

Apegadme los cuerpos como imanes.

Acudid a mis venas y a mi boca.

Hablad por mis palabras y mi sangre.

Give me your silence, water, hope.

Give me your struggle, iron, volcanoes.

Fasten your bodies to mine like magnets.

Enter my veins and my mouth.

Speak through my words and my blood.

Machu Picchu at Sunset

Funerary Stone

Detail

PHOTOGRAPHER'S COMMENTS

Machu Picchu was described by Hiram Bingham as the "Lost City of the Incas," the title of his famous book about his discovery. In 1911, he mounted an expedition funded by Yale University to find the hidden city rumored to exist in the Peruvian Andes. It was the one citadel which Pizarro and his conquistadores had not reached in their conquest of Peru in the sixteenth century.

In 1984, I received permission from the government of Peru to be at Machu Picchu during all hours of the day or night to make the photographs seen here. I arranged my fortnight-long trip so I would be there during the full moon. I have attempted to show the reader a wide range of images of the ruins to convey my sense of amazement at the beauty, complexity, and workmanship manifested by the Incas.

pages 23-25, 95 Shortly after my arrival, I met a young man who was the assistant director in charge of the grounds. He was kind enough to travel through the site with me and explained that some of the stones at Machu Picchu were of religious significance to the people who built it. He referred to them as the sacred rocks; these are rock formations which have been altered to conform more closely to the mountains surrounding Machu Picchu. A rock which had a shape vaguely similar to that of the surrounding mountains would be carved upon until it was a close facsimile of the actual mountain.

pages 52, 54 A large rock echoes the shape of the mountains behind but also resembles a profile of a cuy (probably a rodent which inhabits the area). This giant slab of stone (actually quite thin in profile) was erected at the north end of Machu Picchu on the trail to Huayna Picchu (Young Peak).

My guide and I had to hack our way with machetes on the narrow, perilous trail to the Temple of the Moon, on the backside of Huayna Picchu. The beginning of the trail was marked by a danger sign reading Peligroso! with a skull and crossbones.

pages 84, 85, 87 One of the most fascinating sacred rocks is the Condor Stone, located in the Prison Group area; this beautiful representation of the condors revered by the Incas utilizes natural rocks representing the wings, supplemented by a white granite collar.

pages 74–77   The Inti Huatana is the "hitching post of the sun." The angles of the top align with the extreme angles of the position of the sun at sunrise and sunset at summer and winter solstices. The priests purported to control the sun's movement by "anchoring" it to the hitching post. I believe this is the only one left unbroken, as whenever the conquistadores found such a stone, they broke it to destroy the power of the priesthood over the people.

pages 118, 119   At the end of the Inca Trail above Machu Picchu, there is a watchman's hut guarding the only entry to the city. Nearby is the sacred rock known as the Funerary Stone. This is believed to be the stone on which the remains of the rulers were placed in order to mummify the bodies in the dry heat and preserve them so that their physical body and their spirit could be brought from the burial chamber to participate in council meetings.

pages 20, 100–103   In many areas of Machu Picchu there are stone rings above the lintels of doorways or barholds cut into the stone sides by which the door could be bound shut.

As I write this, I have received word that Machu Picchu is sliding. Landslides closed the approach roads two years ago, and they are still a danger. The Peruvian government has just announced that it will double the fees for entry in the hope that this will deter so many tourists from visiting the ruins. Some of the increased income will be used to help stabilize the ruins. With all these changes, I can only think how grateful I am to have had the opportunity to spend time at Machu Picchu, exploring the vistas and details and in some way letting its spirit enter into me so that I could record these images.

Barry Brukoff

For those readers interested in more information on Machu Picchu I recommend the following bibliography:

Monuments of the Incas, by John Hemming and Edward Ranney, New York Graphic Society, 1982; *Lost City of the Incas,* by Hiram Bingham, Triune Books, reprint, 2000; *Machu Picchu,* by John Hemming, Newsweek Books, 1981.

COMENTARIOS DEL FOTÓGRAFO

BARRY BRUKOFF

Machu Picchu ha sido definida por Hiram Bingham como la "Ciudad Perdida de los Incas," título del famoso libro que escribió acerca de su descubrimiento. En 1911, Bingham organizó una expedición patrocinada por la Universidad de Yale con el propósito de encontrar la ciudad oculta que, según se decía, existía en los Andes peruanos. Se trataba de la misma ciudadela a la cual Pizarro y sus hombres no habían podido llegar en su conquista del Perú en el siglo dieciséis.

En 1984, obtuve un permiso del gobierno peruano para permanecer en Machu Picchu durante varios días y así poder tomar las fotografías que integran este libro. Dispuse mi viaje para poder estar ahí durante el período de luna llena. Lo que me proponía era mostrarle al lector una amplia variedad de imágenes de las ruinas y transmitirle el asombro que experimenté ante la belleza, la complejidad y la destreza manifestadas por los Incas.

páginas 23-25, 95   Poco después de mi llegada, conocí al joven asistente del director que estaba a cargo del lugar. Tuvo la amabilidad de recorrer las ruinas conmigo y de explicarme que algunas de las piedras tenían un significado religioso para el pueblo que construyó Machu Picchu. Se refería a ellas como rocas sagradas; se trata de formaciones rocosas que habían sido alteradas para que se parecieran a las montañas que rodean a Machu Picchu. Una roca que tuviera una forma similar a las montañas que la rodeaban era esculpida hasta que se asemejara a la montaña real.

páginas 52, 54   Una gran roca que reproduce la forma de las montañas que están detrás también nos recuerda el perfil de un "cuis" (se trata de un roedor que habita la zona). Esta gigante plancha de piedra (bastante delgada vista de perfil) fue erigida en el extremo norte de Machu Picchu, camino a Huayna Picchu (Pico Menor).

Mi guía y yo tuvimos que abrirnos paso con machetes en el estrecho y peligroso camino hacia el Templo de la Luna, detrás de Huayna Picchu. Al empezar a andar habíamos visto un cartel que decía "¡Peligroso!" y tenía una calavera y dos huesos cruzados.

Una de las rocas sagradas más fascinantes es la Roca del Cóndor, situada en el área de la Prisión; es una hermosa representación de los cóndores venerados por los Incas y tiene rocas naturales que imitan las alas, embellecidas por un collar hecho de granito blanco.

Inti Huatana es el "poste en el que se amarra el sol." Los ángulos de la cumbre se alinean con los ángulos extremos de la posición del sol al amanecer y al atardecer durante los solsticios de verano y de invierno. Los sacerdotes se proponían controlar el movimiento del sol "anclándolo" a este poste. Creo que es el único que permanece intacto, pues cada vez que los conquistadores encontraban una piedra como ésta la destruían con el fin de aniquilar el poder que el clero ejercía sobre el pueblo.

Al final del Camino del Inca, arriba de Machu Picchu, hay una choza de un sereno que custodia la única entrada a la ciudad. Muy cerca está la roca sagrada conocida como la Piedra Funeraria. Se cree que sobre esta piedra se depositaban los restos de los gobernantes con el fin de momificarlos en aquel clima seco, preservándolos así en cuerpo y alma para que pudieran ser transportados desde la cámara funeraria hasta las reuniones del consejo de las cuales participaban.

En muchos sitios de Machu Picchu se encuentran anillos de piedra en los dinteles de las entradas o pilares cilíndricos cortados en los extremos de la roca para poder cerrar la puerta.

Mientras escribo estas líneas, me llegaron noticias que indican que Machu Picchu se está desmoronando. Los derrumbes causaron el cierre de los caminos de acceso hace dos años, y aún representan una amenaza. El gobierno peruano anunció que duplicará el precio de las entradas con la esperanza de que se reduzca el número de turistas. Parte de esta recaudación se utilizará para apuntalar las ruinas. Todos estos cambios me hacen pensar cuán afortunado fui al tener la oportunidad de conocer Machu Picchu, de explorar sus grandes paisajes y sus pequeños detalles y de haber permitido que su espíritu entrara en mí para poder registrar estas imágenes.

Full Moon over Agricultural Terraces

Doorway with Grasses

Huayna Picchu between Columns

The Watchman's Hut at Dawn

This book was set in Baker Signet type with P22 Vincent used for titles
and Albertus for roman numerals.

Printed and bound by Amilcare Pizzi, Milan, Italy,
on 115gsm Gardapat

Designed by Barry Brukoff with Heather Brook

Negatives were made on Ilford FP4 film. Transparencies are Kodachrome.
Nikon cameras were utilized for all images.